Franziska Biermann ♥ Nils Kacirek
Susanne Koppe

Herzlichen Glückwunsch, kleines Huhn!

Bloomsbury
Kinderbücher & Jugendbücher

© 2012 Bloomsbury Verlag GmbH, Berlin
Alle Rechte vorbehalten
Konzept: Franziska Biermann, Nils Kacirek, Susanne Koppe
Illustration und Grafik: Franziska Biermann
Musikalische Leitung und Produktion: Nils Kacirek
Projektleitung: Susanne Koppe (Hg.)
Bildbearbeitung: Sonnenfisch Production – Laura Bartels, Hamburg
Notensatz: Hermann Zanier, Berlin
Gesetzt aus der Minion Pro
Druck und Bindung: Tlačiarne BB, Banská Bystica
Printed in the Slovak Republic
ISBN 978-3-8270-5474-6
www.bloomsbury-verlag.de

BLOOMSBURY
LONDON · BERLIN · NEW YORK · SYDNEY

Inhalt

1. Es klappert die Mühle
2. Im Frühtau zu Berge
3. Meister Jakob
4. Wide-wide-wenne
5. Morgenstund hat Gold im Mund
6. Habt ihr es schon mal vernommen?
7. Heut ist ein Fest bei den Fröschen am See
8. Summ, summ, summ!
9. Grün, grün, grün
10. Alle Vögel sind schon da
11. Wenn ich ein Vöglein wär
12. Wer kommt denn da?
13. Der Kuckuck und der Esel
14. Backe, backe Kuchen
15. Die Affen rasen durch den Wald
16. Ein Mops kam in die Küche
17. Fuchs, du hast die Gans gestohlen
18. Du, du, du bist mein Küken
19. Herzlichen Glückwunsch, kleines Huhn!
20. Geburtstagsständchen
21. Brüderchen, komm tanz mit mir
22. Miau, miau
23. Die Blümelein, sie schlafen
24. Der Mond ist aufgegangen

Danksagung, Mitwirkende

Nachwort, Quellenverzeichnis

6. Habt ihr es schon mal vernommen?

Intro 8 Takte

Habt ihr es schon mal vernommen? Wart ihr schon dabei? Wenn die kleinen Küken kommen aus dem weißen Ei, aus dem weißem Ei.

Mit dem Schnabel an der Schale
machen sie poch, poch,
einmal, zweimal, viele Male,
und das gibt ein Loch,
und das gibt ein Loch.

Kaum aus seinem Ei gekrochen,
piepst das Küken schon.
Solch ein Piepen, solch ein Pochen:
Das ist Frühlingston,
das ist Frühlingston.

8. Summ, summ, summ

Summ, summ, summ, Bienchen summ herum! Ei, wir tun dir nichts zuleide, flieg nur aus in Wald und Heide! Summ, summ, summ, Bienchen summ herum!

Summ, summ, summ,
Bienchen summ herum!
Such in Blüten, such in Blümchen
dir ein Tröpfchen, dir ein Krümchen.
Summ, summ, summ,
Bienchen summ herum!

Summ, summ, summ,
Bienchen summ herum!
Flieg nur aus in Wald und Heide,
aber tu uns nichts zuleide!
Summ, summ, summ,
Bienchen summ herum!

16. Ein Mops kam in die Küche

Intro 4 Takte

Ein Mops kam in die Küche und stahl dem Koch ein Ei. Da nahm der Koch den Löffel und schlug den Hund zu Brei.

Da kamen viele Hunde
und gruben ihm ein Grab.
Und setzten ihm 'nen Grabstein,
auf dem geschrieben stand:

Ein Mops kam in die Küche …

Bei diesem Projekt haben viele nette große und kleine Leute mit gesungen und musiziert. Für die komödiantischen, stimmungsvollen und rasanten Einlagen und für alle musikalischen Höchstleistungen geht hiermit an jeden einzelnen von ihnen und an alle weiteren Beteiligten ein großer

DANK UND APPLAUS FÜR …

Hauke, der als Eddie Eichhorn restlos überzeugte.
Sadia, die gerade noch rechtzeitig zurück kam, um die Mühle sacht zu wecken.
Joana, die trotz Zugstreiks anreiste und die Mühle richtig in Schwung brachte.
Lili, Rosa, Johanna und Levi, die goldenen Chorhunde, für die vielen unermüdlichen Aufnahmesessions und ihren munteren Gesang.
Herrn Krohn für den ungemein seriösen Weckruf.
Moritz, die groovende Berliner Schnauze, der aus dem fernen Russland kam.
Peta, die einfach die Idealbesetzung ist.
Dörte, die tragende Stimme, der kein Kater widerstehen kann!
Françoise, das schräge treue Huhn mit ungeahnten Mutterqualitäten.
Thomas, der als Buffo wieder hinreißend war und aus einem wirklich schönen Grund mitmachte.
Andreas (Ricky), der auch als Partyhengst musikalisch brillierte.
Martin, weil er im Studio beste Laune, im Mikro angemessene Schwermut verbreitete.
Larissa, die fast so schön singt wie sie malt. Oder noch schöner?
Nikolai, der Bienen wie Himmelsgestirne gleichermaßen freundlich besingt.
Ida, die so nett war gleich zweimal zu kommen, und als zweitjüngste Sängerin Nils und seine Maschine mal so richtig austrickste.
Valentin, der einfach souverän war.
Katharina, deren Zwitschern einen ganzen Vogelschwarm ersetzte.

Susanne B., weil sie wieder so schön und vielseitig mitschnatterte.
Sigi, die coole Pfeife.
Tonio, weil dank seiner die Zutaten des Geburtstagskuchens mal so richtig akkurat gemischt wurden.
Den lieben Herrn Pauli, unsere sensationelle Neuentdeckung aus Österreich.
Bob – ein Hoch auf unseren kleinsten Sänger!
Vanessa, die als Schwesterchen das Tempo hochhielt.
Victoria, die so gut vorbereitet war und sich selbst so herzig in den Schlaf singt.
Unsere SUPERMUSIKER **Gunnar, Ricky, Sven, Valentin, Sebastian und Sebastian** für ihr wieder einmal überragendes Spiel mit viel Ausdauer und Überraschungen.
Und – er verdient einen Extra-Applaus! –, an **Jörg,** mit dem das Probieren und Arrangieren gewohnt geschmeidig von der Hand ging.
Die beiden Marlenes für den mutigen und gekonnten Sprung in die Studio-Assistenz.
Alle technischen Helfer.
Das **Atelier Freudenhammer,** für freudige Anteilnahme und aufgeschlossene Ohren bei dieser langen Produktion.
Den Verlag **Bloomsbury Kinderbücher & Jugendbücher,** insbesondere **Natalie** und **Hermann:** ein dickes Dankeschön für den längsten Geduldsfaden der Welt und für Nerven aus Stahl!

MITWIRKENDE

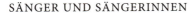

SÄNGER UND SÄNGERINNEN

Mond: Sadia Khalid
Sonne: Joana Verbeek von Loewis
Langhaardackel: Johanna Grabert
Wildhaardackel: Lili Kacirek
Mops: Levi Langner
Dalmatiner: Rosa von Stemm
Hahn: Georg Krohn
Müller: Moritz Gathmann
Bäuerin: Peta Devlin
Katze: Dörte Benzner (Lalah)
Huhn: Françoise Cactus
Blume: Susanne Koppe
Pferd: Andreas Einhorn
Ochse: Nikolai Hille
Maus: Ida-Marie Schrade
Schweinchen: Larissa Bertonasco
Lerche: Katharina Stauber
Gans: Susanne Biermann
Elefant: Martin Koppe
Kater: Thomas Ruf
Krokodil: Franziska Biermann
Kuckuck: Valentin Stauber
Esel: Nils Kacirek
Fuchs: Tonio Lechner
Affenhäuptling: Andreas Biermann
Schaf: Herbert Pauli
Schwesterchen: Vanessa Stauber
Brüderchen: Bob Kacirek
Blumenkind: Victoria Stauber

INSTRUMENTALISTEN UND PRODUKTION

Akkordeon: Valentin Butt
Klavier: Jörg Hochapfel
Gitarre, Banjo, Ukulele: Andreas Einhorn
Schlagzeug, Percussion: Sebastian Harder
Glockenspiel, Marimba, Schlagzeug bei „Wide-wide-wenne",
„Brüderchen, komm tanz mit mir": Sven Kacirek
Tenorhorn, Posaune: Sebastian Hoffmann
Trompete, Flügelhorn: Gunnar Kockjoy
**Alle anderen Instrumente, musikalische Leitung
und Produktion:** Nils Kacirek

Projektleitung: Susanne Koppe
Assistenz Vorproduktion / Studiobetreuung: Marlene Uhlenberg, Marlene Staib
Vormischung: Roman Vehlken

Alle Stücke aufgenommen in den Freudenhammer Tonstudios, Hamburg
Akkordeon aufgenommen in den Hörspielparkstudios, Berlin
Gitarren aufgenommen im Dirty Bird Studio, Bremen
Musikalische Bearbeitungen: Nils Kacirek & Jörg Hochapfel
mit Ausnahme von „Heut ist ein Fest bei den Fröschen am See":
Nils Kacirek und Andreas Einhorn
„Brüderchen komm tanz mit mir" von Nils Kacirek

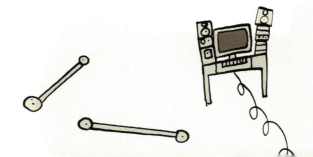

NACHWORT

Nach dem Erscheinen unseres ersten Liederbilderbuchs „Am Weihnachtsbaume" erhielten wir eine ungemein positive Resonanz. Unser Konzept, Weihnachtslieder einfach so zu interpretieren, wie wir sie empfinden, teils modern, teils klassisch, beschwingt, komisch oder besinnlich, sprach Kinder und Eltern gleichermaßen an. Einziger Unterschied: Während viele Kinder nicht einsehen wollten, dass am 6. Januar nicht nur der Christbaumschmuck, sondern auch die Weihnachts-CD im Schrank zu verschwinden hat, reagierten die Eltern spätestens auf der Fahrt in die Sommerferien allergisch. „Jetzt reicht's", wurde uns mehr oder weniger freundlich zugerufen, „macht endlich ein zweites Liederbuch mit Musik für den Rest des Jahres."

Die hatten gut reden. „Am Weihnachtsbaume" war und ist auch für uns ein ganz besonderes Projekt – unter anderem ein ganz besonders aufwändiges. Das Konzept, altbekannte Liederschätze durch eine Bildgeschichte inhaltlich zu verbinden, sie musikalisch zu entstauben und mit Kindern, vielen Laiensängern und wenigen Profis aufzunehmen, hatte uns fast ein Jahr in Anspruch genommen. Genervte Eltern hin oder her: Davon mussten wir uns erst einmal erholen!

Bis wir es wagten, „Herzlichen Glückwunsch, kleines Huhn!" in Angriff zu nehmen, vergingen vier Jahre – die Stimmen unserer jungen Sänger verraten es: Zu unserer Riesenfreude machten nämlich alle Sänger und fast alle Musiker wieder mit! Da Franziska Biermann nach 24 Wimmelszenen in einem geschlossenen Raum sprichwörtlich nach frischer Luft dürstete, wählten wir als Setting einen Bauerhof, genauer gesagt „Die Mühle am rauschenden Bach". Dafür blieben wir uns thematisch treu: Es wird einem großen Fest entgegengefiebert, diesmal dem Geburtstag. Auch das musikalische Konzept ist ähnlich wie bei „Am Weihnachtsbaume". Zwar fügten wir einige weniger bekannte und auch eigens komponierte Lieder zu. Doch wie bei unserem ersten Projekt ging es darum, die bekannten und etwas in die Jahre gekommenen Kinderlieder aufzupolieren und sichtbar, oder besser hörbar zu machen, wie schön, lebendig, lustig, aber auch Herz anrührend sie sein können – insbesondere, wenn man sie ein wenig gegen den Strich bürstet. Warum die Mühle nicht einmal langsam klappern und den Fuchs die Gans im Country Swing stehlen lassen? Warum nicht ein wenig mit den Texten spielen, ein bisschen Quatsch einfließen lassen und endlich dem Kuchen ein paar neue Backzutaten gönnen?

Für uns bedeutet das keine Despektierlichkeit den alten Liedern gegenüber, es entspricht unserem Begriff einer Volks-Musik, die für alle da ist und die im Wandel der Zeiten nicht nur immer wieder weiter gegeben, sondern belebt werden muss. Was wirklich lohnt: Bei der Auswahl der Lieder bemerkten wir einmal mehr, wie viel Freude und Spaß uns dieser Liederfundus macht, wie zeitlos die Melodien und wie ergreifend und schön viele Texte sind. So verneigen wir uns hiermit vor allen Dichtern, Komponisten und Bewahrern: Vor den namentlich bekannten ebenso wie vor den unbekannten. Und versprechen an dieser Stelle: Sollten wir trotz aller Recherchen einen von ihnen im folgenden Quellenverweis vergessen haben, so war es keine böse Absicht und wird bei der nächsten Auflage wieder gut gemacht.

Susanne Koppe

QUELLENVERZEICHNIS

1 „Es klappert die Mühle am rauschenden Bach": Melodie Carl Reinecke, Text Ernst Anschütz — CD Titel 2
2 „Im Frühtau zu Berge": Melodie aus Schweden, Text Olof Thunman, dt. Fassung Walther Hensel — CD Titel 3
3 „Meister Jakob": Melodie und Text aus Lothringen — CD Titel 4
4 „Wide-wide-wenne": Melodie und Text aus Schleswig-Holstein — CD Titel 5
5 „Morgenstund hat Gold im Mund": Melodie und Text Franziska Biermann und Nils Kacirek — CD Titel 6
6 „Habt ihr es schon mal vernommen?": Melodie Erich Bender, Text Annemarie Süchting — CD Titel 7
7 „Heut ist ein Fest bei den Fröschen am See": Melodie und Text Helmut Bornefeld — CD Titel 9
8 „Summ, summ, summ": Melodie aus Böhmen, Text Heinrich Hoffmann von Fallersleben — CD Titel 10
9 „Grün, grün, grün": Melodie und Text aus Pommern — CD Titel 11
10 „Alle Vögel sind schon da": Melodie unbekannter Herkunft, Text Heinrich Hoffmann von Fallersleben — CD Titel 12
11 „Wenn ich ein Vöglein wär": Melodie Johann Friedrich Reichardt, Text Johann Gottfried Herder — CD Titel 13
12 „Wer kommt denn da?": unbekannte Herkunft — CD Titel 14
13 „Der Kuckuck und der Esel": Melodie Karl Friedrich Zelter, Text Heinrich Hoffmann von Fallersleben — CD Titel 15
14 „Backe, backe Kuchen": Melodie und Text aus Sachsen / Thüringen — CD Titel 16
15 „Die Affen rasen durch den Wald": unbekannte Herkunft — CD Titel 18
16 „Ein Mops kam in die Küche": Melodie aus dem Carnevale de Venezia, Text unbekannter Herkunft — CD Titel 19
17 „Fuchs, du hast die Gans gestohlen": Melodie und Text Ernst Anschütz — CD Titel 20
18 „Du, du, du bist mein Küken": Melodie aus Norddeutschland, Text Susanne Koppe — CD Titel 21
19 „Herzlichen Glückwunsch, kleines Huhn!": Melodie und Text Franziska Biermann und Nils Kacirek — CD Titel 23
20 „Geburtstagsständchen": „Happy Birthday" Melodie Mildred J. Hill, Text Robert C. Coleman; „Viel Glück und viel Segen" Melodie und Text Werner Gneist; „Hoch sollst du leben" unbekannte Herkunft — CD Titel 24
21 „Brüderchen, komm tanz mit mir": Melodie Engelbert Humperdinck, Text unbekannter Herkunft — CD Titel 25
22 „Miau, miau": Melodie aus Frankreich, Text Lieselotte Holzmeister — CD Titel 26
23 „Die Blümelein, sie schlafen": Melodie und Text Anton Wilhelm von Zuccalmaglio — CD Titel 27
24 „Der Mond ist aufgegangen": Melodie Johann Abraham Peter Schulz, Text Matthias Claudius — CD Titel 28

Franziska Biermann • Nils Kacirek • Susanne Koppe

mehr als 30.000 Stück verkauft

Am Weihnachtsbaume ...

der Klassiker!

Der ultimative Adventskalender – ein Hör- und Singbuch für die ganze Familie: Auf 24 Doppelseiten stimmen uns Franziska Biermann und ihr Team humorvoll und originell auf Weihnachten ein. Im Wohnzimmer einer Plätzchenbäckerin erscheint jeden Tag ein neuer illustrer Gast, der ein Weihnachtslied zum Besten gibt, das mit Noten und Text abgedruckt ist. Die Bilder regen zum Entdecken und Erfinden von immer neuen frechen Geschichten an. Der Clou: Die beigelegte CD, die durch ihre von Nils Kacirek teils modern und teils klassisch arrangierten Lieder zum schwungvollen Mitsingen animiert.

ISBN 978-3-8270-5219-3
Musikbilderbuch mit Audio-CD und Noten

„Weihnachtslieder sind nichts Heiliges, sondern kunterbunt: endlich eine Weihnachtslieder-CD, die weder Kitsch noch trendigen Weichspül-Pop bietet. Die Arrangements sind originell, schlicht, frech, witzig und übermütig."
NZZ

„Auf der beiliegenden CD hat Nils Kacirek die bekannten Weihnachtslieder auf neue, andere, etwas schräge, aber durch und durch herzerwärmende Art vertont."
ENTDECKUNGSKISTE

„... Und so möchte man spätestens am 24. Dezember, wenn der Weihnachtsmann mit seiner warmen Baritonstimme sein O du fröhliche singt – in das alle Gäste der Plätzchenbäckerin einstimmen –, am liebsten selbst dort im Wohnzimmer stehen."
DIE ZEIT

Franziska Biermann • Nils Kacirek • Jörg Hochapfel

Ein Musikbilderbuch zum Gucken, Hören und Mitmachen

Vorhang auf, Manege frei und Tusch für das bewährte Team Franziska Biermann und Nils Kacirek, unterstützt von Jörg Hochapfel. In ihrem neuen Musikbilderbuch wird es bunt, gereimt und laut: Hier wird Zirkus veranstaltet, dass die Sägespäne fliegen und die Trommelstöcke glühen. In frechen Reimen führt ein Zirkusdirektor durch neun atemberaubende Nummern, begleitet von einer Musik, die auch den eingefleischtesten Zirkusmuffel ins gestreifte Zelt treibt!

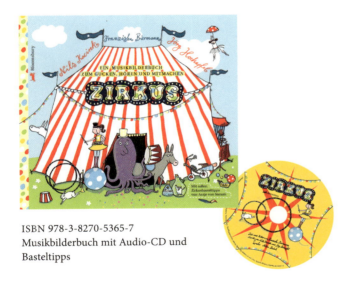

ISBN 978-3-8270-5365-7
Musikbilderbuch mit Audio-CD und Basteltipps

„Nach dem erfolgreichen Buch *Am Weihnachtsbaume* taucht Franziska Biermann dieses Mal in die magische und aufregende Welt des Zirkus ein. Die CD eignet sich wunderbar, um mit Kindern eine richtige kleine Zirkusaufführung zu machen!"
ESELSOHR

„*Es gibt kaum Musik für Kinder, die so variantenreich und verschmitzt komponiert ist.*"
1000 UND 1 BUCH

„*Furioser Mix aus unbekümmert gereimtem Vorlesebuch und Spiel- und Bastelideen.*"
STIFTUNG LESEN